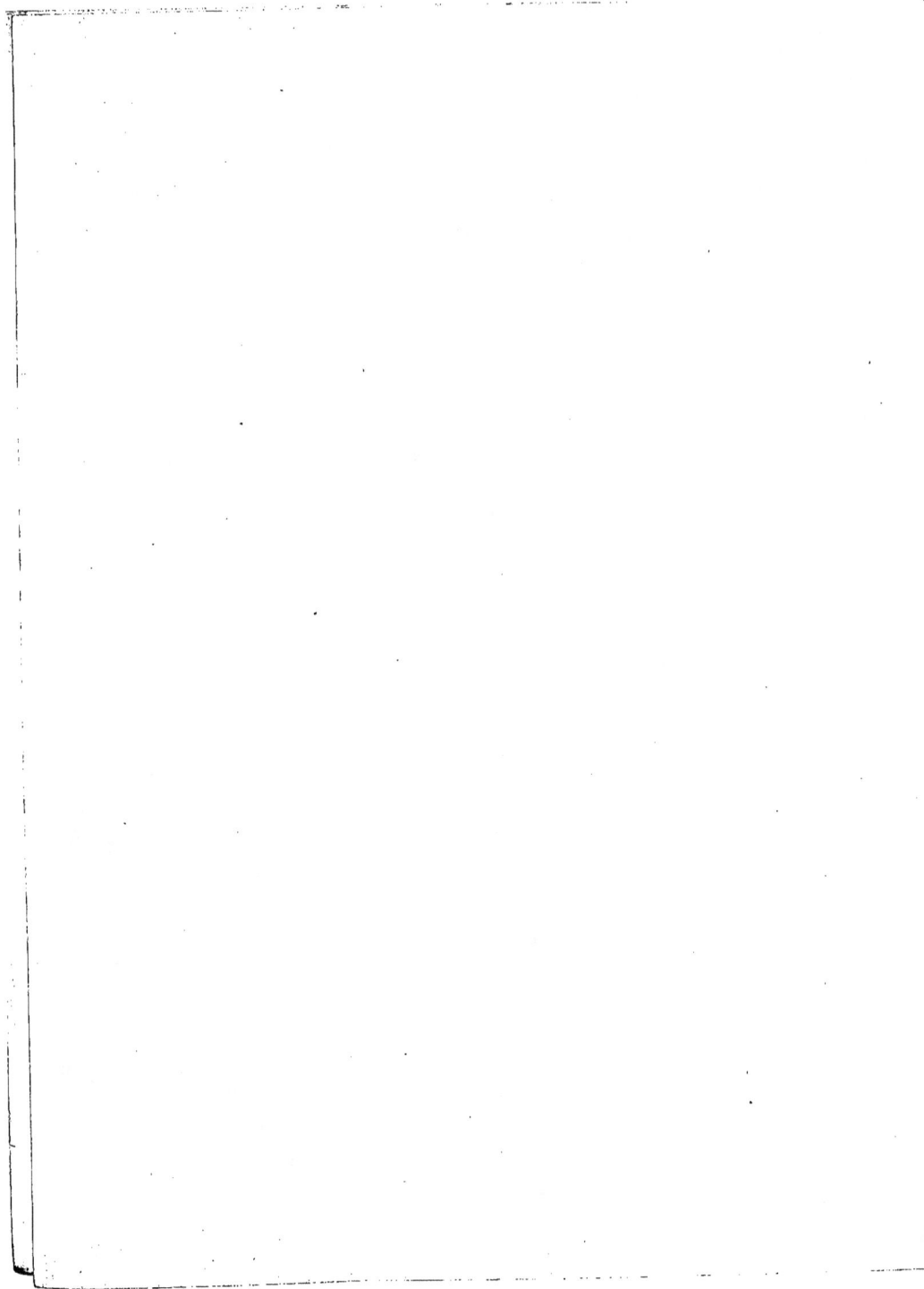

VILLE DE ROUEN.

OCCUPATION DE L'ENNEMI

RÉQUISITIONS

DE LA

PRÉFECTURE PRUSSIENNE

DEMANDE DE REMBOURSEMENT

AU DÉPARTEMENT.

ROUEN

J. LECERF, IMPRIMEUR DE LA COUR D'APPEL ET DE LA MAIRIE,
Rue des Bons-Enfants, 46-48.

—

1871.

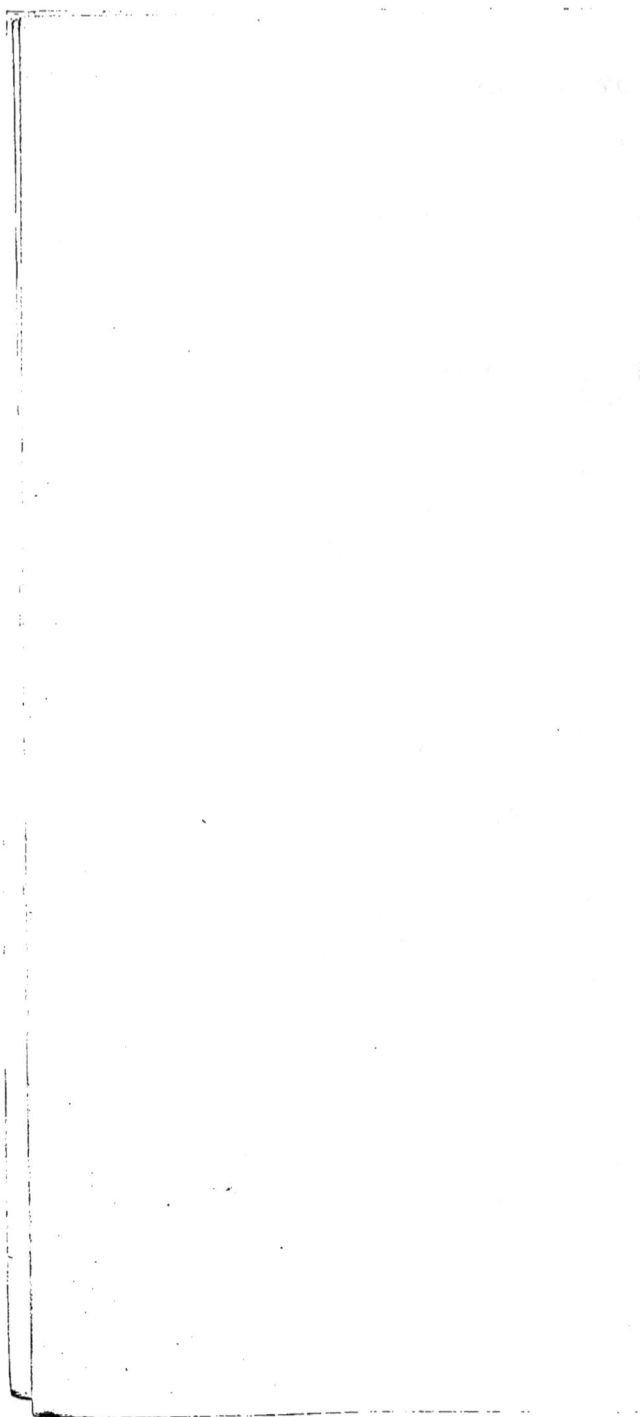

VILLE DE ROUEN

OCCUPATION DE L'ENNEMI

RÉQUISITIONS DE LA PRÉFECTURE PRUSSIENNE

DÉLIBÉRATION DU CONSEIL MUNICIPAL

demandant, au Département, le remboursement du montant de ces réquisitions,
lettres du Préfet et du Maire de Rouen.

I. — DÉLIBÉRATION.

EXTRAIT DU REGISTRE DES DÉLIBÉRATIONS.

SÉANCE DU VENDREDI 11 AOUT 1871.

Etaient présents : MM. THUBEUF, *Adjoint, Président*; LEFORT, NION, DELAMARE et LEMASSON, *Adjoints*; VAUCQUIER DU TRAVERSAIN, GALLET, LEGRAS, DUCHEMIN, DESCHAMPS, DECORDE, DUBOSC, MORIN, LE FÈVRE, DENOYERS, LARGET, RAPP, BARTHÉLEMY, DIEUSY, DURAND, PINEL, NEPVEUR, FRÉTIGNY, VALLADIER et LAFOND, *Membres du Conseil.*

M. le Secrétaire du Conseil, au nom de l'Administration, donne lecture du rapport suivant :

MESSIEURS,

Au nombre des charges que l'invasion de l'armée allemande est venue imposer à la ville de Rouen, figurent des dépenses qui doivent incomber au Département, par leur caractère spécial et par l'affectation de l'autorité qui les a réquisitionnées. — Il y a lieu, notamment, de ranger, dans cette catégorie, les frais occasionnes par la préfecture prussienne.

Avant d'établir en quoi elles consistent et d'en dresser l'état, il convient d'exposer comment ces réquisitions ont eu lieu.

La ville de Rouen avait été occupée, le 5 décembre, après la retraite de toutes les forces armées sous la conduite du général Briand et le départ de l'autorité départementale, opérés dans la matinée.

Le 8 décembre 1870. M. Cramer notifia, à la Mairie, qu'il était nommé préfet du département de la Seine-Inférieure par le général de Manteuffel. (Lettre du 8 décembre 1870.)

1. — Aussitôt, il réquisitionna, *en nature*, les objets qu'il jugea nécessaires à son installation et à celle de son personnel, ainsi qu'à leur nourriture et à l'entretien des bureaux. Ces réquisitions ont continué d'avoir lieu jusqu'au départ de la préfecture prussienne.

1871

II. — Par une lettre du même jour, 8 décembre 1870, le préfet Cramer réclama une somme de 20,000 fr. *d'argent*, parce qu'il trouvait l'Hôtel complètement abandonné, et pour subvenir aux besoins de la préfecture ; cette somme était un acompte *sur les impôts qui seraient prélevés plus tard*, et la lettre ajoutait : « ce versement doit être fait dans l'espace de quarante-huit heures..... »

Néanmoins, la Municipalité tenta d'y échapper, en alléguant, avec trop de raison, que la caisse de la Ville était prise au dépourvu par les événements et ne pouvait fournir ces fonds, tandis que les fournisseurs des objets qu'on lui demanderait en nature attendraient des temps meilleurs pour en recevoir le prix. Le Conseil municipal fut entretenu de cette réquisition et du débat qu'elle occasionnait, dans sa séance du 9 décembre 1870.

Mais l'autorité prussienne maintint sa réquisition, et le versement en fut opéré par fractions, les 11, 14 et 17 décembre 1870, entre les mains de M. Klie, intendant de la préfecture.

III. — Le 14 décembre 1870, le préfet Cramer, d'après l'ordre du commandant général du premier corps d'armée, imposait, à la Mairie, une contribution de *un million de francs*, dans les termes suivants : « Un » demi-million de francs sera considéré comme gage et rendu à la Ville après la conclusion de la paix, si la » tranquillité n'a pas été troublée par les habitants. — La seconde moitié de ce million est mise à la dispo- » sition du préfet pour être employée dans l'intérêt de la Ville *et du Département*.

» *Il est expressément entendu que les frais faits spécialement pour le Département, seront remboursés* » *plus tard à la Ville.* »

Le paiement de ce million devait être effectué du 19 au 30 décembre 1870, sous peine de *moyens coërcitifs*.

Le Conseil municipal, dans une délibération du 17 décembre, qui fut notifiée le même jour au préfet Cramer, commença par déclarer qu'il ne pouvait o tempérer à cette demande, ni en principe, ni de fait. Cette protestation portait sur toute la réquisition et défendait, aussi bien le Département, que la Ville.

Néanmoins, il était facile de voir que ce refus n'arrêterait pas l'ennemi ; des pourparlers avaient été engagés avec le préfet Cramer ; il consentit à proposer au général Manteuffel l'abandon : « A. des 500,000 fr. » demandés comme garantie pour la tranquillité et la sûreté de la Ville ; B. d'une autre fraction du million » demandé, du moment où l'intendance de la première armée attestera que les réquisitions qu'elle a faites » lui ont bien été fournies. » (Lettre du 19 décembre 1870.)

Effectivement, par décision rendue à Amiens le 26 décembre, le général de Manteuffel, en considération de ce que les Conseillers municipaux s'étaient portés personnellement garants de la tranquillité, qui avait été maintenue durant la dernière crise, fit remise, à la Ville, *des 500,000 fr. qui lui avaient été imposés à titre de garantie de l'ordre et de la tranquillité.*

De même, par une lettre du 27 décembre, le préfet Cramer déclara qu'il comptait sur le paiement du second quart, soit 250,000 fr. pour le 30, toutefois, *à moins que la Mairie n'eût produit d'ici là un certificat de l'intendance de la première armée, établissant que les réquisitions d'effets d'habillement imposés à la Ville étaient complètement exécutées.* — La justification ayant été faite, ces 250,000 fr. n'ont pas été payés.

On voit donc que, sur la réquisition de *un million*, l'autorité allemande a renoncé aux deux fractions, montant à 750,000 fr., qui avaient plus directement trait à la Ville.

Mais le préfet avait exigé, notamment par une autre dépêche du 22 décembre, le versement des 250,000 fr. dont la réquisition était motivée sur la nécessité de rétablir des communications postales et de fonder un journal officiel de la préfecture prussienne. La somme a été payée en plusieurs acomptes, les 19, 22, 23, 27 décembre, *à la caisse de la préfecture, entre les mains de M. Klie, intendant*, conformément à la lettre du 14 décembre 1870. Aucune partie de cette somme n'a été employée à des services municipaux.

La ville de Rouen a donc été contrainte de payer, à la préfecture allemande, en dehors des réquisitions en nature qui ont duré jusqu'à son départ, la somme de 270,000 fr. en argent.

Dans ce qui vient d'être exposé, il n'est pas question des réquisitions de guerre proprement dites : des fournitures de bateaux, de matériaux, de draps, de cuirs et divers autres objets ont été faites à titre départemental ; le Conseil a renvoyé les créanciers se pourvoir devant qui de droit, quand la Ville n'avait pas été contrainte de payer; soit de la part des particuliers, pour ce qui leur est dû, soit de la part de la Ville, pour ce qu'elle aurait payé en dehors des réquisitions d'un caractère spécialement municipal, il y aura une réclamation à faire à l'autorité supérieure.

Mais, dans le présent rapport, il n'est relevé que des dépenses afférentes spécialement au Département, parce qu'elles ont été imposées, à la Ville, par la préfecture prussienne, pour son installation, son entretien et son fonctionnement, en un mot pour le service départemental.

Et, d'abord, ce caractère n'est pas contestable aux dépenses du § 1er, consistant toutes en fournitures et prestations pour le service de la préfecture prussienne, nourriture du personnel, fourniture de mobilier de bureau, chauffage, éclairage de la préfecture et des bureaux, etc.

De même, pour les 20,000 fr. du § 2, réclamés *pour les besoins de la préfecture*, les termes sont exprès et déterminent nettement le caractère départemental de la dépense

Enfin, le § 3 ne prête pas davantage à l'incertitude. Ainsi qu'on l'a expliqué, la réquisition de *un million* a été faite, le 14 décembre 1870 ; cette somme se divisait en trois parties :

1° — 500,000 fr. étaient demandés pour garantir la tranquillité de la part des habitants, et on devait les rendre à la Ville, si cette tranquillité n'avait pas été troublée : le général de Manteuffel en a fait la remise, par décision du 26 décembre.

2° — 250,000 fr. étaient exigés, ainsi que l'explique la lettre du 27 décembre 1870, du préfet Cramer, pour le 30, *à moins que la Ville ne produisît, d'ici là, la preuve que les effets d'habillement imposés à la ville de Rouen, aient été complètement exécutés*. Le paiement de cette somme n'a pas été exigé, parce que la Ville avait exécuté les dites réquisitions.— Rien de ce qui était municipal, dans cette demande de un million, n'a donc été versé.

3° — 250,000 fr. avaient, enfin, été demandés pour des services divers, poste, journaux, travaux, en un mot, pour la marche du service de la préfecture : aussi, le baron Cramer en avait-il réclamé le paiement ponctuel par la lettre du 22 décembre, de sorte que le versement en avait eu lieu les 19, 22, 23 et 27 décembre 1870. Or, la lettre du préfet prussien du 14 décembre avait dit : « Il est expressément entendu que les frais faits spécialement pour le Département seront remboursés plus tard à la Ville. » Les 250,000 fr. ont été exigés d'elle à ce titre, ils lui sont donc bien évidemment dus par le Département.

Et, que l'on remarque bien qu'il s'agit ici d'une réquisition qui n'a été faite dans aucune autre commune. L'autorité allemande a opéré, dans les autres localités, trois sortes de réquisitions d'argent, savoir : des amendes, l'impôt direct et indirect, la contribution de guerre ou capitation calculée à 25 fr. par tête. — La ville de Rouen a subi les deux dernières charges ; aucun fait n'a donné lieu à l'application de la première, ou, plutôt, l'amende lui a été infligée sous forme d'augmentation de garnison, puisque, le 13 mars, au lieu d'une garnison de sept à huit mille hommes, elle en a logé vingt-cinq mille durant deux jours et quinze mille durant une période assez longue. — Mais nous réclamons, ici, l'indemnité d'un sacrifice qui n'a eu de similaire nulle part ailleurs.

Il est enfin une considération qui semble mettre obstacle à tout débat sur ce point. Si l'Administration départementale était restée à son poste, il serait arrivé de deux choses l'une. — Ou bien, il n'y aurait pas eu de préfecture prussienne, et, alors, elle n'eût pas imposé de charges à la Ville pour son entretien et son fonctionnement ; ou bien il se serait établi une administration allemande, à côté de la préfecture française, et c'est de cette dernière que l'Administration étrangère eût réquisitionné les sommes dont elle aurait eu besoin. — Dans l'un comme dans l'autre cas, la Ville n'aurait donc pas eu à supporter cette charge, qui eût incombé à l'Autorité départementale.

Ainsi donc, sous quelque point de vue que l'on envisage cette réquisition, la Ville la réclame à juste titre du Département.

Il y donc lieu de demander, à M. le Préfet, de faire rembourser, à la Ville, les dépenses suivantes, qui lui ont été occasionnées par l'établissement de la préfecture prussienne, savoir :

I. — Montant des factures relatives aux dépenses de la préfecture prussienne :

1° Sommes payées par la Ville . . . . 17,402 f. 72 c.

2° Sommes réclamées et non-payées (4,212 fr. 36 c.) . . . . (*Mémoire*)

3° Sommes restant à réclamer . . . . (*Mémoire*)

TOTAL, sauf mémoire 17,402 72

II. — Réquisition d'argent faite pour la préfecture prussienne, le 8 décembre 1870 . 20,000 »

III. — Réquisition de *un million* faite par la préfecture prussienne le 14 décembre 1870, pour le compte de la Ville et du Département.

Contingent du Département . . . . 250,000 »

TOTAL des sommes réclamées par la Ville, du Département, *sauf mémoire*. . . 287,402 f. 72 c.

Nous demandons, à l'Assemblée, d'examiner s'il n'y a pas lieu de solliciter le remboursement de cette somme.

SUR QUOI STATUANT :

Le Conseil,

Vu les lettres de l'autorité allemande, des 8 décembre, même jour, 14 décembre, 19 décembre, 22 décembre, 26 décembre, 27 décembre, et même jour 1870 ;

Vu les pièces constatant le versement d'une somme totale de 270,000 fr. en argent, à l'intendant de la préfecture allemande ;

Vu les mémoires, montant ensemble à 17,402 fr. 72 cent., des dépenses payées par la Ville, pour le fonctionnement de la préfecture prussienne ;

Vu divers mémoires restant à payer ;

Considérant qu'il résulte, des documents ci-dessus visés, que les dépenses comprises dans la somme de 287,402 fr. 72 cent. ont été imposées à la Ville, pour le service et le fonctionnement de la préfecture prussienne, et avec déclaration qu'elles seraient remboursées par le Département ;

DÉLIBÈRE CE QUI SUIT :

ARTICLE PREMIER.

M. le Maire est invité à réclamer, du Département de la Seine-Inférieure, la somme de 287 402 fr. 72 c. réquisitionnée de la Mairie de Rouen, en argent et en nature, pour le service de la préfecture établie par l'autorité allemande dans ce Département.

ARTICLE 2.

La présente sera transmise, avec les pièces justificatives, à M. le Préfet.

Fait à Rouen, en l'Hôtel-de-Ville, les jour, mois et an susdits.

(*Suivent les signatures*)

POUR EXTRAIT CONFORME :

Le Maire de Rouen,

A. BARRABÉ, *Adjoint.*

II. — LETTRE DU PRÉFET A M. LE MAIRE.

ROUEN, le 11 septembre 1871.

MONSIEUR LE MAIRE,

J'ai examiné, avec toute l'attention que comporte l'importance de son objet, la délibération, en date du 11 août, par laquelle le Conseil municipal de Rouen réclame, au Département, le remboursement de dépenses qui, d'après les termes de votre lettre du 19, auraient été imposées à la Ville par l'autorité allemande, pour le service de la préfecture prussienne.

Cette réclamation s'élève à 291,615 fr. 08 c. et s'applique aux sommes ci-après acquittées avec les deniers de la Ville :

1° Réquisition de 20,000 fr. en argent, à la date du 8 décembre, adressée à la *Mairie de Rouen*, par le préfet prussien, pour subvenir aux besoins de la préfecture, la dite somme, d'après l'énoncé de la réquisition, en acompte sur les impôts qui seront prélevés plus tard, ci . . . . 20,000 f. » c.

2° Réquisition d'un million, en date du 14 décembre, imposée à *la ville de Rouen* par le baron Cramer, préfet prussien, sur l'ordre du commandant général du premier corps d'armée, la dite réquisition réduite en fin de compte, à. . . . . 250,000 »

3° Une liasse de mémoires de fournitures acquittées par la Ville et indiquées par la délibération du 11 août, comme ayant été réquisitionnées en nature par le préfet, pour les besoins de son installation et celle de son personnel, ainsi que pour la nourriture et l'entretien de ses bureaux. Ces réquisitions, qui auraient *continué d'avoir lieu suivant la dite délibération* jusqu'au départ de la préfecture prussienne, s'élevèrent, pour la portion acquittée à. . . . . 17,402 fr. 72 c.
et pour les dépenses non encore réglées, à 4,212 36

ENSEMBLE. . . . . . 21,615 fr. 08 c. ci. 21,615 08

291,615 f. 08 c.

Le chiffre de ces réquisitions une fois fixé, il me reste à en apprécier les termes et à en bien préciser la portée, afin d'arriver à déterminer la part de responsabilité qui incombe à la ville de Rouen et subsidiairement au Département, appelé en garantie du remboursement auquel elle prétend avoir droit.

Quant à la suite à donner.à la réquisition de 20,000 fr., j'en réserverai l'examen et la discussion pour le moment où je m'occuperai des réquisitions fournies en nature et payées directement par la Mairie.

La solution me paraît devoir être la même pour ces deux sortes de réquisitions.

Je m'occuperai de suite de la réquisition de 250,000 fr. et je constaterai tout d'abord que les termes mêmes de la réquisition du 14 décembre établissent jusqu'à l'évidence, que cette réquisition s'adresse directement à la Ville, qu'elle est spécialement dirigée contre elle.

En effet, le préfet prussien dit :

J'impose à la ville de Rouen une contribution de un million de francs. Puis il en fait la répartition entre les divers services aux besoins desquels elle doit être appliquée.

Ainsi le premier demi-million est considéré comme garantie de la tranquillité de la Ville et devra être rendu après la conclusion de la paix, si la tranquillité n'a pas été troublée. Plus tard, c'est-à-dire le 26 décembre, remise de cette amende a été prononcée par le général de Manteuffel.

De même pour le troisième quart du million, remise a été accordée parce que la Ville justifiait qu'elle avait satisfait aux réquisitions en nature, exigées pour les besoins de la première armée.

Par suite, la contribution d'un million imposée à la ville de Rouen s'est trouvée réduite à 250,000 fr. C'est là un fait qui se déduit des voies et moyens d'exécution appliqués à l'ensemble de la réquisition par l'autorité prussienne, mais qui, en aucun cas, ne saurait détruire ni même affaiblir le caractère essentiellement *municipal* de la réquisition.

Enfin, comme si le préfet prussien avait tenu à affirmer sa volonté formelle de frapper et d'atteindre personnellement la Ville, il ajoute cette réserve nette et précise :

« Il est expressément entendu que les frais faits spécialement pour le Département seront remboursés plus tard à la Ville. »

Ce qui revient à dire que la Ville seule est frappée ; mais que, si partie de la somme de 250,000 fr. qu'elle est contrainte de payer est employée pour le Département ou pour mieux dire, *pour un service départemental*, cette somme sera remboursée à la Ville.

Ainsi, cette réserve qui paraît être l'argument décisif invoqué par la ville de Rouen à l'appui de la réclamation qu'elle dirige contre le Département, semblerait, au contraire, devoir en être la condamnation, puisque le droit à une répétition quelconque ne s'ouvrira à son profit que pour *les frais qui seront faits pour le Département.*

Examinons donc maintenant l'emploi qu'a reçu ou que devait recevoir la réquisition de 250,000 fr.

Le préfet prussien dit dans sa réquisition du 14 décembre :

« J'ai résolu de rétablir les communications postales sur la plus grande échelle possible, sous la » direction exclusive d'un employé prussien, et je me propose d'appeler à ce service des employés » français, si ceux-ci veulent bien me prêter leur concours. »

Voilà assurément une intention parfaitement définie. Le préfet prussien veut rétablir le service postal. A-t-il donné suite à son projet ?

Les habitants de Rouen, qui ont eu à souffrir pendant plus de deux mois de la privation de toute communication avec le département et le reste de la France, pourraient, sans aucun doute, répondre à cette question. Mais, lors même que le service postal eût été rétabli, à quel titre le Département serait-il recherché pour le paiement des dépenses auxquelles auraient pu donner lieu l'organisation de ce service ?

Le service des postes est essentiellement du domaine de l'État et les dépenses qui en découlent exclusivement à sa charge. Il s'en suit que, si la ville de Rouen se croit en droit d'exercer des répétitions s'appliquant à l'organisation du service postal à Rouen et dans le Département, c'est évidemment à l'État qu'elle devra s'adresser et non au Département étranger à tout ce qui concerne l'organisation de ce service.

S'agit-il du *Journal officiel* fondé à Rouen par l'autorité prussienne et des frais qu'a pu nécessiter la création de ce journal ? Je ne relèverai qu'incidemment que ce journal n'était pas gratuit, qu'il se vendait à Rouen et que l'abonnement était imposé aux maires des communes ; qu'ainsi les frais de la publication pouvaient peut-être se trouver couverts par le produit de la vente.

Mais je dois dégager la question de ce côté mercantile et l'examiner à un point de vue un peu plus élevé.

Il est un fait hors de toute controverse : c'est que, du 5 décembre à la fin de janvier, date de la signature des préliminaires de la paix, l'autorité prussienne exerçait à Rouen la puissance souveraine.

A ce titre, elle s'était substituée à l'action directe et personnelle du Gouvernement français, qui, pendant cet intervalle, n'a eu aucun moyen de communiquer avec le Département.

Dans ces conditions, l'autorité prussienne a décidé la création d'un *organe officiel* pour la publicité à donner à ses actes : elle a fait ainsi acte de gouvernement, et les frais de publicité de son journal sembleraient devoir retomber directement à sa charge. Mais, dit-on, l'autorité prussienne a demandé à la ville de Rouen l'argent nécessaire pour fonder son journal et en assurer la publication et la distribution.

Soit : mais en quoi les frais de création de ce journal peuvent-ils être imputés au Département ?

Le Département a-t-il jamais eu le droit ou l'obligation de fonder un journal officiel ?

Assurément non. Or, si l'intérêt départemental n'est pas en cause, à quel titre le Département pourrait-il être tenu de concourir aux frais d'établissement d'un journal officiel prussien ?

Sous ce rapport, la réclamation de la Ville, contre le Département, ne semble pas fondée : c'est à l'Etat français, responsable des conséquences qu'ont pu entraîner, pour certains intérêts, les agissements de l'autorité prussienne, que doit être reportée cette réclamation.

Il est un troisième point mentionné dans la réquisition du 14 décembre, à propos duquel les finances du Département peuvent être appelées à intervenir. Je veux parler de l'intention manifestée par le préfet Cramer d'entreprendre lui-même des travaux de terrassement sur un chemin de fer de Rouen à Elbœuf, aux lieu et place de la Mairie de Rouen, qui, après avoir manifesté le désir de les faire exécuter elle-même, y avait renoncé peu de temps après.

Il est constant que, si quelques travaux de cette nature ont été exécutés dans l'intérêt du Département (et c'est là un fait facile à vérifier et à établir), le Département en devra récompense entière à la ville de Rouen. Mais, dans ce cas, un compte exact devra être produit, et, jusqu'ici, aucune indication n'est fournie à l'appui de la réclamation.

De tout ce qui précède, il paraît résulter nettement que la réquisition d'un million, réduite plus tard à 250,000 fr., s'adresse directement *à la ville de Rouen*, et que le Département ne doit en supporter une portion quelconque que si partie de cette réquisition a été employée dans un intérêt départemental.

Or, cette affectation départementale n'existe pas pour les deux premiers chefs de la réclamation, et semble, jusqu'à présent, assez problématique pour le troisième, dont je viens de parler.

Est-il nécessaire maintenant de relever les termes mêmes des mandats délivrés par le Maire au profit de l'intendant de l'armée prussienne ?

Le mandat de 100,000 fr., délivré le 19 décembre, porte :

« Nous, Maire de la ville de Rouen,

» Mandons à M. le Receveur municipal de payer des deniers de sa recette à M. Klie, conseiller de » l'intendance de l'armée prussienne, la somme de cent mille francs, premier acompte sur la réqui- » sition *réclamée* par l'autorité prussienne, *à la ville de Rouen*, le 14 décembre 1870. »

Les deuxième et troisième acomptes de 50,000 fr. chacun, aux dates 22 et 23 décembre, sont libellés dans les mêmes termes.

Il n'y a de variante dans ce libellé que pour le quatrième paiement de 50,000 fr. formant le complément des 250,000 fr. payés par la Ville.

Ce dernier mandat est ainsi conçu :

« Nous, Maire de la ville de Rouen ,

» Mandons à M. le Receveur municipal de payer des deniers de sa recette à M. Klie, la somme » de 50,000 fr. à titre de *quatrième acompte et complément de l'avance de 250,000 fr. par la ville de Rouen au* » *Département.* »

Ainsi, ce qui pour les trois premiers paiements montant à 200,000 fr. était formulé comme réquisition *réclamée par l'autorité prussienne à la ville de Rouen*, devient à la date du 27 décembre, un quatrième acompte sur l'avance faite par la ville de Rouen au Département.

Quels sont les motifs de cette transformation de la cause donnée à la réquisition jusqu'au 27 décembre ? Quels faits se sont produits du 23 au 27 décembre qui expliquent cette modification au libellé des trois premiers mandats s'élevant à 200,000 fr.?

L'Administration municipale a-t-elle cru devoir se ménager l'exercice d'un droit de répétition dont elle ferait usage à un moment donné ? Si telle a été sa pensée, si elle a voulu, à ce propos, sauvegarder, dans une certaine limite, les intérêts de la Ville et, en un mot, continuer l'œuvre de courageux dévoûment par laquelle elle n'a cessé de combattre les exigences d'un ennemi insatiable, nul plus que moi ne doit certes lui rendre hommage.

Mais s'en suit-il que ce droit de répétition puisse naître d'une transformation qui n'est autre que l'effet d'une initiative privée ? L'article 1,331 du Code civil semble répondre à cette question ; en *principe* nul ne peu se créer un titre à soi-même.

Enfin, veut-on une dernière preuve que, par la réquisition du 14 décembre, l'autorité prusienne a entendu frapper la ville de Rouen *et non le Département ?* Lorsqu'il a reçu du gouvernement allemand l'ordre d'imposer une contribution de guerre de 24,000,000 à la partie du Département envahie, le préfet prussien a bien su à qui s'adresser pour arriver à déterminer l'assiette de cette contribution et à en assurer le recouvrement.

En effet, dans la première quinzaine de février, le préfet baron de Pfuel réunissait le Conseil général, en vue d'arrêter, de concert avec lui, les bases de répartition de la contribution.

Or, si malgré le décret du 25 décembre 1870 qui avait prononcé la dissolution des Conseils généraux, le préfet prussien a cru pouvoir, le 14 février, faire appel à leur intervention, à plus forte raison eût-il pu provoquer, le 14 décembre, la réunion de l'assemblée départementale, s'il avait songé à imposer une contribution de guerre ou une réquisition au Département.

En résumé, je suis amené à conclure que l'emploi attribué par l'autorité prussienne à la réquisition de 250,000 fr. imposée le 14 décembre 1870 à la ville de Rouen, ne saurait à aucun titre, constituer à celle-ci un droit de recours contre le Département. Dans ma pensée, si un recours de la Ville est possible, c'est évidemment contre l'Etat qu'il devra être dirigé.

J'arrive à la réquisition de 20,000 fr. adressée à la Ville, le 8 décembre, par le préfet Cramer, *pour subvenir aux besoins de la préfecture.*

Que faut-il entendre par les termes de la réquisition, pour subvenir aux besoins de la préfecture?

Les services de la préfecture s'appliquent à deux ordres d'idées bien différents.

S'agit-il de l'entretien des bâtiments et de l'ameublement de l'Hôtel de la Préfecture ? L'obligation du Département est incontestable.

S'agit-il du préfet, du secrétaire général, des fonctionnaires et employés qui concourent, suivant l'ordre hiérarchique, à la marche du service administratif de la Préfecture ? Les dépenses de ce personnel, à ces divers degrés, sont à la charge de l'État.

C'est là un principe qui, dans l'application, ne souffre aucune exception.

Lorsque le préfet Cramer a réquisitionné de l'argent *pour subvenir aux besoins de la préfecture*, à quel ordre de services a-t-il entendu appliquer ces fonds ?

Si l'on se rappelle ce qui s'est passé pendant le séjour du préfet Cramer et de son successeur à la préfecture, on peut affirmer qu'aucune portion des fonds réquisitionnés n'a reçu d'affectation se rapportant *à l'entretien des bâtiments et de l'ameublement de l'Hôtel de la Préfecture.*

On est donc fondé à rattacher *les besoins auxquels le préfet a voulu subvenir,* aux services du personnel de ses bureaux, composés du préfet, de son secrétaire, du conseiller de l'intendance de l'armée allemande et de quelques officiers en sous-ordres. Le personnel attaché au cabinet du préfet répondait en effet à ces indications. Ce qui confirmerait du reste ces appréciations, c'est qu'à peine installé à la préfecture, le préfet Cramer a tenu à connaître exactement le taux du traitement attribué au Préfet français, au Secrétaire général et aux autres emplois attachés au cabinet du préfet.

On peut donc raisonnablement induire de tous ces faits que les 20,000 fr. réquisitionnés le 8 décembre, à la ville de Rouen, ont été affectés aux frais de l'organisation des bureaux du préfet.

Or, je le répète, les frais de cette nature sont à la charge exclusive de l'État et c'est à l'État que la Ville devra en demander le remboursement.

Quant aux dépenses payées par la Ville ou restant à payer pour la nourriture du préfet et de son personnel, ces dépenses sont à la charge des fonctionnaires qui doivent y pourvoir avec le traitement qu'ils reçoivent de l'État.

Il est cependant présumable que le préfet et les officiers attachés à sa personne recevaient de leur gouvernement un traitement ou une solde quelconque ; mais qu'ils se considéraient en droit de se faire nourrir aux frais de la Ville, au même titre que les soldats qui, outre le logement chez l'habitant, en ont reçu la nourriture jusqu'à la fin de mars environ.

Ou ces frais de nourriture, s'élevant à près de 9,000 fr., pour la période du 9 décembre à la fin de mars, resteront au compte de la Ville, comme inhérents à l'obligation imposée aux habitants de loger et nourrir les soldats allemands ; ou bien ils seront considérés comme des suppléments de traitement que se sont attribués le préfet et ses secrétaires et officiers.

Dans ce dernier cas, il me semble que le remboursement en pourrait être réclamé à l'État.

En résumé, je crois avoir établi, Monsieur le Maire, que la réquisition de 291,615 fr., imposée à la ville de Rouen, par l'autorité prussienne, dans les premiers jours de décembre, ne saurait, à aucun titre, être mise à la charge du département de la Seine-Inférieure. J'ajouterai seulement, qu'en dehors des travaux de terrassement qui ont pu être exécutés sur les chemins vicinaux ou les routes départementales, le Département me paraîtrait pouvoir être appelé à supporter une partie de cette réquisition, jusqu'à concurrence d'une somme de 7 à 8,000 fr., s'appliquant à des dépenses d'ameublement, de chauffage et d'éclairage de la Préfecture.

J'ai, en conséquence, l'honneur de vous renvoyer toutes les pièces de l'affaire.

Agréez, monsieur le Maire,

l'assurance de ma considération la plus distinguée,

Le Préfet de la Seine-Inférieure,

Signé : **LIZOT.**

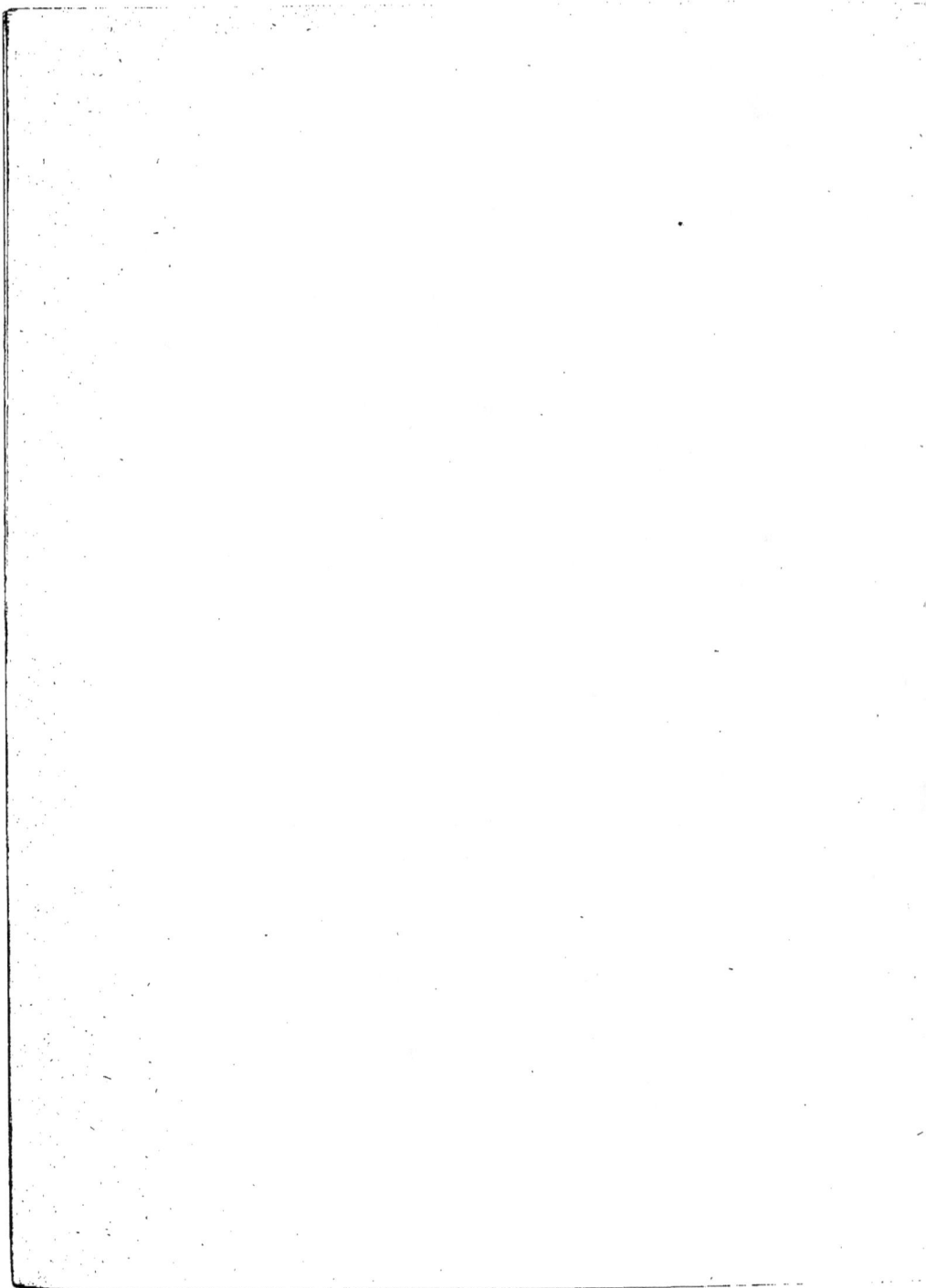

III. — LETTRE DU MAIRE A M. LE PRÉFET.

Rouen, le 11 octobre 1871.

Monsieur le Préfet,

Vous m'avez fait l'honneur de m'adresser, par votre lettre du 11 courant, vos appréciations sur la demande du Conseil municipal de Rouen, formulée dans une délibération du 11 août et tendant à obtenir, du Département, le remboursement d'une somme de 291,615 f. 08 c., qui provient des réquisitions que la Ville a subies pour le service de la préfecture prussienne.

Vous pensez, M. le Préfet, que ces réquisitions, sauf des exceptions peu importantes par leur chiffre, ne sauraient à aucun titre être mises à la charge du Département. Permettez-moi d'examiner, si les considérations sur lesquelles vous motivez cette conclusion peuvent ainsi détruire presque complètement le recours du Conseil municipal.

Il demande, au Département, de rembourser, à la Ville : 1° une somme de 20,000 fr. réquisitionnée pour subvenir aux besoins de la préfecture prussienne ; 2° une somme du 250,000 fr. formant le quart d'un million imposé pour dépenses municipales et départementales ; 3° et, enfin, une somme de 21,615 fr. 08 c. montant de divers mémoires de fournitures faites par la Ville, sur réquisitions de la préfecture prussienne.

Votre dépêche apprécie, d'abord, le *second chef* de cette réclamation et elle le repousse par les raisons suivantes :

Le préfet prussien impose, *par les termes mêmes de la réquisition*, la somme de *un million*, dont ces 250,000 fr. forment le quatrième quart, *à la Ville ;* — la réquisition prend de là un *caractère essentiellement municipal*, qui n'est ni détruit, ni même affaibli, par les déductions tirées *des voies et moyens d'exécution appliqués à l'ensemble de cette réquisition ;* — le préfet prussien a affirmé sa volonté de *frapper personnellement la Ville*, par la réserve même, que cette dernière invoque et qui se retourne ainsi contre elle, à savoir *qu'il est expressément entendu que les frais faits spécialement pour le Département seraient remboursés plus tard à la Ville ;* — en effet, on ne trouve aucune dépense départementale, dans l'emploi qu'a reçu ou que devait recevoir la réquisition de 250,000 fr. ; les *postes* sont une charge de l'État, aussi bien que le *Journal officiel*, organe du Gouvernement, et la Ville n'établit aucun travail public fait pour le Département ; — les termes mêmes des premiers mandats délivrés par le Maire, pour le paiement de cette réquisition, indiquent une dépense réclamée de la Ville, et, si la formule du dernier se trouve changée, le Maire n'a pu créer, *de son initiative*, un titre contre le Département en faveur de la Ville ; — enfin, quand le préfet prussien a voulu frapper le Département, par exemple, de la contribution de guerre de 24,000,000 f., il a réuni le Conseil général pour l'asseoir et en assurer le recouvrement ; à plus forte raison, eût-il fait de même, le 24 décembre, pour le million.

Ainsi donc, il n'y a rien de départemental dans la réquisition de 250,000 fr., et, si la Ville avait un recours à exercer, pour ce second chef de sa demande, ce ne pourrait être que contre l'Etat.

Le *premier chef*, relatif aux 20,000 fr. réquisitionnés le 8 décembre *pour subvenir aux besoins de la préfecture*, ne peut donner lieu qu'à un recours semblable ; — s'il s'agissait d'entretien de bâtiments et d'ameublement de l'hôtel de la Préfecture, l'obligation du Département serait incontestable ; mais on peut affirmer qu'aucune portion des fonds réquisitionnés n'a reçu cette affectation ; — c'est au service du personnel de la préfecture prussienne que les fonds ont dû servir et ces frais sont à la charge de l'Etat.

Le *troisième chef,* celui des dépenses faites par la Ville, sur les réquisitions du Préfet, pour ses services journaliers, vous semble de même presque entièrement mal fondé : — Le personnel de la préfecture prussienne devait se nourrir ; — ou bien il devait l'être par la Ville, au même titre que les soldats logés chez l'habitant ; — si cette nourriture était une sorte de supplément de traitement, le remboursement en pourrait être réclamé, non du Département, mais de l'État ; — toutefois, ces réquisitions s'appliquent, pour 7 à 8,000 fr., à des dépenses d'entretien de la Préfecture, lesquelles peuvent incomber au Département.

En résumé, ces considérations vous paraissent exclure tout recours de la Ville contre le Département, excepté : 1° pour les travaux qui ont pu être exécutés sur les chemins vicinaux ou les routes départementales ; 2° une somme de 7 à 8,000 fr. s'appliquant à des dépenses d'ameublement, de chauffage et d'éclairage de la Préfecture.

Je me suis efforcé, Monsieur le Préfet, de reproduire avec exactitude les arguments par lesquels vous repoussez la demande du Conseil municipal ; en attendant que cette assemblée soit en mesure d'y répondre, il est de mon devoir de vous présenter les objections que la Ville me paraît pouvoir y opposer.

En abordant cette grave discussion, je me reporte à la délibération du 11 août et j'y relève deux considérations générales, qui sont restées sans réfutation.

Premièrement, le rapport adopté par le Conseil avait dit ceci : « Et que l'on remarque bien qu'il » s'agit ici d'une réquisition qui n'a été faite dans aucune autre commune. L'autorité allemande » a opéré, dans les autres localités, trois sortes de réquisitions d'argent, savoir : des *amendes, l'impôt* » *direct* et *indirect* ; *la contribution de guerre ou capitation*. La ville de Rouen a subi les deux dernières » charges ; aucun fait n'a donné lieu à l'application de la première ; ou plutôt l'amende lui a été infligée » sous la forme d'augmentation de garnison.... Mais nous réclamons, ici, l'indemnité d'un sacrifice » qui n'a eu de similaire nulle part ailleurs. » — Le caractère spécial de cette charge était, en effet, important à signaler, car il ne permet pas de repousser la demande de remboursement de la Ville, en la renvoyant à la répartition des dédommagements promis aux communes par l'Assemblée.

Secondement, le rapport ajoutait : « Il est, enfin, une considération, qui semble mettre obstacle à » tout débat sur ce point ; si l'Administration départementale était restée à son poste, il serait arrivé » de deux choses l'une : — ou bien il n'y aurait pas eu de préfecture prussienne, et alors elle n'eût » pas imposé de charges à la Ville pour son entretien et son fonctionnement ; — ou bien il se serait » établi une administration allemande, à côté de la préfecture française, et c'est de cette dernière » que l'administration étrangère eût réquisitionné les sommes dont elle aurait eu besoin. — Dans l'un » comme dans l'autre cas, la Ville n'aurait donc pas eu à supporter cette charge, qui n'eût pu incom- » ber qu'à l'autorité départementale. » — Impossible de méconnaître, en effet, que la Ville a payé la somme qu'elle revendique, aux lieu et place de l'Administration et de la caisse du Département.

Non-seulement ces deux considérations ne sont pas réfutées ; mais encore elles se trouvent fortifiées par une double reconnaissance, qui forme l'élément essentiel de vos conclusions. — Premièrement, vous reconnaissez que le Département est débiteur, envers la Ville, du prix de certains travaux publics, s'ils ont été exécutés, et de quelques dépenses réquisitionnées par la préfecture prussienne. — Secondement, je trouve, à chaque paragraphe de votre discussion, cette autre reconnaissance que, si la Ville n'a pas de recours contre le Département, elle doit au moins avoir un droit de remboursement contre l'Etat.

Je tirerai plus tard les conséquences de principe et de fait, qui découlent de ces reconnaissances; mais je ferai remarquer, dès à présent, qu'elles prouvent que la réclamation du Conseil municipal est souverainement juste et fondée; en versant ces 291,615 fr. 08 c., la Ville n'a pas payé une dette que la guerre elle-même lui imposait, comme à toute autre commune; mais elle a subi un sacrifice particulier, contre lequel elle a motif de réclamer, et qui la constitue créancière, soit du Département, soit de l'Etat.

Vous attribuez déjà, Monsieur le Préfet, une partie de la dette au Département; je vais rechercher, si le Conseil municipal n'a pas eu raison de penser que le surplus était aussi une dette départementale.

I. — Pour suivre l'ordre de votre discussion, j'examine, comme *premier chef*, les objections faites à la répétition de la seconde somme d'argent réquisitionnée, celle de 250,000 fr., versée sur un *million*.

Les termes mêmes de la réquisition, du 14 décembre, vous paraissent établir, jusqu'à l'évidence, que cette réquisition s'adresse directement *à la Ville*, ce qui lui donne un caractère *essentiellement municipal*. Mais cet argument fondamental de votre discussion ne me paraît pas pouvoir se maintenir devant un examen sérieux de la réquisition précitée. — D'abord, pour tirer des conséquences justes des termes de cette lettre, il faut tenir compte du rôle qu'était forcée de jouer la *Mairie* de Rouen, à laquelle le Préfet prussien Cramer l'adressait; or, la Municipalité n'était pas seulement alors une administration communale; représentant unique de l'Administration française dans la Ville, elle a rempli, de par la nécessité de la situation, tous les rôles qui pouvaient appartenir à l'Administration publique du pays; elle a été un auxiliaire général et elle a exercé des fonctions départementales, même pour le Gouvernement de la France; elle représentait, à plus forte raison, toutes les Autorités françaises vis-à-vis du gouvernement étranger. Ce dernier lui imposait toutes les exigences dont il eût frappé l'Autorité centrale, si le Préfet français fût resté pour la représenter. Mais, dans la réalité des choses et surtout en fait de finances à verser, la Mairie ne pouvait, cependant, agir que pour la Ville; elle ne pouvait puiser que dans la Caisse municipale : donc, quand l'ennemi lui demandait de l'argent, même pour des services du Département et de l'Etat, il était bien forcé de s'en prendre *à la Ville*, de sorte qu'il n'y a rien à conclure, contre elle, de cette adresse à la seule Administration existante et à la seule Caisse locale ouverte, quand il s'agit de déterminer le véritable débiteur de la dépense. — L'observation que je viens de faire est tellement dans la vérité de la situation, que l'argument tiré de ces mots : « J'impose, à la ville de Rouen, une contribution de un million.....», se trouve immédiatement détruit par le passage suivant : « La seconde moitié de ce million est mise à la disposition du préfet, « pour être employée dans l'intérêt de la Ville et du Département. Il est expressément entendu que « les frais faits spécialement pour le Département seront remboursés plus tard à la Ville. » Il est clair, par ces termes, que l'ennemi frappait le Département, aussi bien que la Ville, dans sa réquisition de *un million* du 14 décembre. — Et vous-même, Monsieur le Préfet, vous reconnaissez que ces contributions, bien qu'adressées directement à la Ville, ne l'atteignent pas exclusivement, puisque vous admettez qu'une partie de cette réquisition de 250,000 fr. et des deux autres, faites comme celle-ci à la Ville, sera supportée par le Département, et que le surplus devrait incomber à l'Etat. Après cette double reconnaissance, je n'ai plus besoin d'insister pour démontrer que les termes de la réquisition du 14 décembre détruisent eux-mêmes le premier argument que votre lettre en tirait, et que le million imposé à la Caisse municipale ne constituait pas, dans la pensée du réquisitionnant, une dette *spéciale*, *personnelle et exclusive* de la ville de Rouen. La lettre du 14 décembre, dans son esprit, comme dans ses termes exprès, faisait incontestablement porter sa réquisition, à la fois, sur cette Commune et sur le Département.

Puisque cette réquisition n'a point *le caractère essentiellement municipal*, la délibération du 11 août avait raison de chercher, dans les voies et moyens d'exécution *appliqués à son ensemble*, la part que la réquisition allemande du 14 décembre avait faite, soit à la Ville, soit au Département.— Or, le premier demi-million, imposé comme gage que la tranquillité ne serait point troublée par les habitants, eût évidemment constitué une dette municipale; mais il en a été fait remise, à la Ville, par lettre du général de Manteuffel, du 26 décembre 1870. — La lettre du préfet prussien Cramer, du 19 décembre, constate qu'*une autre fraction du million* était demandée pour assurer l'exécution des réquisitions faites par l'intendance de la première armée, et une seconde lettre de cet administrateur, en date du 27 décembre, fixe le chiffre de cette fraction à 250,000 francs; en même temps, elle annonce que cette somme ne sera pas exigée, si les dites réquisitions sont exécutées. Cette amende eût été certainement une charge municipale; mais l'autorité allemande n'a pas eu l'occasion de l'exiger. — Des 250,000 fr. restants, les seuls que la Caisse municipale ait versés sur cette réquisition de un million, le préfet Cramer a-t-il employé la moindre somme dans l'intérêt de la Ville? Nous ne connaissons aucune dépense de cette nature, et nous pouvons, sans crainte d'erreur, affirmer qu'il n'en existe pas. — Conséquemment, on ne trouve, dans les voies et moyens d'exécution de la contribution de un million, du 14 décembre 1870, aucune fraction revenant à la Ville; d'où il suit que cette somme doit rester dans le contingent qui pouvait incomber au Département.

Et c'est là ce qui explique, Monsieur le Préfet, la différence du libellé des quatre mandats délivrés par le Maire sur le Receveur municipal, pour les 250,000 fr. versés par sa caisse. Le million était *réclamé de la Ville*, bien que la réquisition constituât *deux débiteurs possibles*, la *Ville* et le *Département*; tant que les trois quarts du million qui eussent incombé à la première étaient encore exigibles, le Maire indique, comme cause du mandat, la réquisition générale *réclamée de la Ville par l'autorité prussienne le 14 décembre* 1870; mais, lorsque les 750,000 francs dont la Ville était menacée eurent été remis, les acomptes versés ne portaient plus que sur la part du Département, et le quatrième mandat exprime ce fait que les 50,000 francs payés *complètent l'avance de 250,000 francs faite par la Ville au Département*; en cela, il se conformait aux faits avec leur incontestable autorité, et il exprimait que les 250,000 francs n'étaient pas le contingent de la Ville, puisqu'elle était désormais exonérée des trois quarts du million qui auraient pu peser sur elle. Il était rationnel, alors, d'indiquer que les sommes versées ne pouvaient porter que sur la partie de la contribution qui était étrangère à la Ville, puisque cela résultait de tous les actes d'exécution; et cela est si juste que vous reconnaissez à chaque pas que les dépenses faites par la préfecture prussienne regardent, en effet, non pas la Ville, mais l'État ou le Département.

Toutefois, vous répudiez pour le Département, Monsieur le Préfet, la dette de ces 250,000 francs exigés de la Caisse municipale, parce que vous n'apercevez presque aucune dépense départementale dans les agissements de la préfecture prussienne; le service des postes est du domaine de l'État, l'institution d'un journal officiel est un acte de souveraineté et de gouvernement, les travaux annoncés pour le chemin de fer de Rouen à Elbeuf n'ont pas été exécutés; il est bien constant pour vous que, si quelques travaux avaient été exécutés dans l'intérêt du Département, celui-ci en devrait la récompense entière à la Ville, mais elle ne produit aucune justification à cet égard; enfin, revenant sur un argument déjà présenté, et comme dernière preuve que par la réquisition du 14 décembre l'autorité prussienne a entendu frapper la ville de Rouen et non le Département, vous rappelez que cette autorité a su réunir le Conseil général pour établir l'assiette et assurer le recouvrement des vingt-quatre millions de contributions de guerre qu'elle voulait imposer à la partie envahie du Département; d'où vous induisez qu'elle eût agi de même le 14 décembre si elle avait voulu frapper une contribution de guerre ou une réquisition sur le Département. — Pour que cette dernière branche de l'argumentation pût avoir la portée que vous lui donnez, Monsieur le Préfet, il faudrait supprimer la lettre du 14 décembre 1870; je le répète, elle déclare en termes formels que *la seconde moitié du million est mise à la disposition du préfet pour être employée dans l'intérêt de la Ville et du Département, et qu'il est expressément entendu que les frais faits spécialement pour le Département seront remboursés plus tard à la Ville;* donc la réquisition du 14 décembre se proposait parfaitement d'atteindre le Département, bien que son auteur ne crût pas devoir réunir le

Conseil général; le texte fournit à cet égard une preuve trop catégorique pour laisser place à aucune déduction en sens contraire. D'ailleurs, sans rappeler l'insuccès de sa convocation ultérieure du Conseil général à l'occasion de la réquisition de vingt millions, l'autorité allemande ne pouvait songer à y recourir le 14 décembre; il s'agissait d'obtenir *sur-le-champ* les ressources nécessaires au fonctionnement de sa préfecture déjà établie, et les délais devant résulter de la convocation et de la tenue d'assemblées n'étaient pas compatibles avec ces besoins; elle trouva plus expéditif de se faire ouvrir la Caisse de la Ville, en lui constituant un droit à restitution sur le Département.

Le *principe* de ce recours est donc trop nettement écrit dans la lettre du 14 décembre 1870, pour que le Département puisse le contester.

Mais vous en repoussez l'application, *en fait*, parce que les 250,000 fr. versés par la Ville ne vous paraissent pas avoir été employés à un service départemental, si l'on en excepte certains travaux. — Je réponds à cela, Monsieur le Préfet, que l'ennemi ne s'est point préoccupé du caractère des dépenses qui faisaient l'objet de ses réquisitions au point de vue de nos règlements administratifs; sans doute, en appliquant ces règlements, on pourrait faire, dans ces frais, la part du Département et celle de l'État; mais où voit-on le réquisitionnant faire intervenir l'*État*, dans sa lettre du 14 décembre? Il ne trouve devant lui que l'Administration de la Ville; il se met à la place de celle du Département; mais il lui faut le moyen de fonctionner, et, souverain de par la force, il demande ce moyen, non pas à l'État, mais aux deux Administrations locales; il ne fait que deux parts de ses réquisitions et il les inflige *à la Ville* et *au Département*. On reconnaît, par toute sa correspondance, ce dont il frappait la Ville; c'était, 1° de la double garantie de 750,000 fr., et 2° du prix de ce qu'il ferait de travaux pour occuper ses ouvriers. Tout le reste s'appliquait au fonctionnement de l'Administration départementale. Or, 1° les garanties de 750,000 fr. ont été remises à la Ville, car elle avait maintenu l'ordre dans son sein et accompli les millions de réquisitions exigés d'elle pour des dépenses qui n'avaient certes aucun titre municipal, nourriture de gens de guerre, équipements militaires, remontes, transports, ambulances, etc.; 2° il n'a rien été dépensé par le préfet prussien pour nos ouvriers; par conséquent, il n'y avait plus rien de municipal dans la réquisition. Au contraire, l'intendant du préfet prussien a reçu, de la Caisse municipale, 250,000 fr., que ce préfet a employés à sa gestion départementale; dès lors, il ne reste plus, de la réquisition d'un million du 14 décembre 1870, que le contingent départemental. — Pour nous, qui avons repoussé ces sacrifices et discuté leur portée, avant de les subir, Monsieur le Préfet, l'intention de l'auteur de la réquisition est sans doute plus claire; mais, je le répète, il ne s'est constitué, dans sa lettre du 14 décembre, que deux débiteurs, la Ville et le Département; et, puisqu'il faisait lui-même la distinction des dépenses municipales ou départementales, on ne peut lui attribuer la pensée d'avoir voulu mettre, dans le lot d'une cité écrasée de tant d'autres prestations, les dépenses de sa préfecture, dépenses d'un caractère tellement général, que vous les faites remonter jusqu'à l'État. Si l'on s'inspire de la situation, pour apprécier la portée de la réquisition du 14 décembre, si l'on cherche à faire, de ses charges, une répartition équitable, conforme au titre, ainsi qu'aux faits, il est impossible de ne pas ranger, dans la part du Département, les 250,000 fr. versés, par la Ville, à la caisse et pour le fonctionnement de la préfecture prussienne.

Enfin, votre discussion insiste et conteste la réalité des dépenses : les services indiqués dans la lettre prussienne ont-ils bien absorbé toute cette somme? La poste, qui a existé, puisqu'elle a déposé des milliers de lettres à la Mairie pour elle et pour les habitants, le journal officiel qui a été publié, les travaux qu'a ordonnés l'autorité allemande et tous les services qu'il lui a plu d'instituer ou de payer, ont-ils bien coûté 250,000 fr.? — Assurément, on ne peut qu'embarrasser la Municipalité de Rouen, en réclamant d'elle ces justifications : elle n'a reçu aucun état d'emploi du préfet prussien, et elle n'avait près de lui aucun représentant qui puisse aujourd'hui l'éclairer sur les agissements de cette autorité; il nous serait donc impossible d'établir ce qu'ont coûté la poste, l'officiel et les autres services prussiens.

Votre dépêche va jusqu'à nous dire que, *si quelques travaux ont été exécutés dans l'intérêt du Département, c'est là un fait facile à vérifier et à établir*, et vous nous en réclamez *le compte exact!* — Mais ces ouvrages ne se sont pas faits par notre entremise, par les soins de nos agents municipaux, ni sur le territoire de la Ville ; ils ont été exécutés sur d'autres communes, à des voies et à des établissements qu'administre la Préfecture, sous la direction de fonctionnaires et agents départementaux. Je suppose que la préfecture prussienne ait fait travailler à l'Asile départemental d'aliénés de Quatre-Mares, qu'elle ait fait combler les tranchées de défenses sur diverses communes, qu'elle ait payé des employés départementaux, etc., toutes choses de service départemental, c'est à votre entremise que nous devrions avoir recours, pour obtenir les éléments de la justification.

Aussi ne puis-je m'empêcher de faire remarquer ici, Monsieur le Préfet, la situation que vos conclusions font à la Ville !— Vous reconnaissez qu'aucun des services de la réquisition prussienne n'a été municipal et que la Ville doit avoir récompense de ses 250,000 fr. ; mais, pour la plus grande part de cette somme, vous renvoyez son recours à l'Etat. Or, le Président de la République a d'avance répudié le principe de la dette des réquisitions allemandes pour le Trésor public ; et, d'ailleurs, ne pourrait-il pas demander, de son côté, si la réquisition n'aurait pas été absorbée, non pas par les postes, l'officiel et autres services généraux, mais bien par les services départementaux ? A cela, il nous serait impossible de répondre par une justification pertinente. Voilà notre situation vis-à-vis de l'Etat. — Puis, alors même que vous admettez le principe du recours contre le Département, vous réclamez un compte pour nous impossible à faire, et des justifications que l'Autorité départementale, c'est-à-dire la vôtre, pourrait seule fournir. Voilà notre situation vis-à-vis du Département — De sorte que, créanciers incontestablement, de votre propre aveu, sur l'Etat ou le Département, nos deux débiteurs peuvent se renvoyer l'un à l'autre la dette et nous repousser par une demande de preuves qu'ils nous savent impuissants à fournir, ou que vous seul pourriez établir.

Entre deux administrations qui n'ont d'autre intérêt, dans la question, que celui de la justice, il n'est pas possible, Monsieur le Préfet, qu'il en advienne ainsi. En principe, la dette arrive, par les déductions que j'ai établies, au Département ; la seule justification, qu'il puisse nous demander, est la preuve du versement des 250,000 fr. ; or, je fournis les quittances de l'intendant de la préfecture prussienne, qui les a reçus.

En résumé, je crois avoir suffisamment justifié le recours de la Ville, en principe et en fait, sur ce chef : — La réquisition du 14 décembre 1870, est adressée à la Mairie, car c'était la seule Autorité administrative française restée à Rouen ; elle impose un million à la Ville, parce que sa Caisse était seule ouverte ; mais, cette réquisition déclare formellement frapper *la Ville et le Département* ; dans sa souveraineté de fait, elle les constitue débiteurs des sommes réquisitionnées, eux deux, Ville et Département seulement, et non point l'État ; la Ville, qui a payé seule pour les deux débiteurs institués, a son recours sur le Département, quant à ce qu'elle a versé pour lui ; voilà le *principe de la créance de la Ville contre le Département établi.* — En *fait*, la part revenant, soit à la Ville, soit au Département, dans cette charge, se distingue ensuite nettement par la correspondance prussienne des 14, 26 et 27 décembre 1870. La Ville pouvait avoir à subir 750,000 fr., pour la garantie de la tranquillité publique et de l'exécution des réquisitions de l'intendance du premier corps d'armée, et le prix des travaux qui auraient été faits pour occuper ses ouvriers ; mais ces garanties lui ont été remises et aucun travail n'a été exécuté pour ses ouvriers. Au Département, incombaient les 250,000 fr., qui n'ont été versés par la Ville que par suite de l'absence de la Préfecture française, en remplacement de laquelle s'établissait la préfecture prussienne, avec la prétention d'administrer le Département et d'y faire des travaux d'utilité départementale. Et il n'y a pas à rechercher si le caractère des services effectués est bien départemental, et non pas général, car, en s'armant du droit brutal, mais souverain, du plus fort, l'autorité allemande ne s'est pas préoccupée du caractère que nos réglements administratifs donnent aux dépenses ; elle n'a point vu et indiqué l'État pour tout ce qui n'était pas municipal, mais seulement le Département. — Enfin, il serait injuste d'exiger de la Ville des preuves impossibles, et elle n'a pas d'autres justifications à fournir que la preuve, qu'elle donne, du paiement de 250,000 fr. à l'intendance de la préfecture prussienne. Il est légitime et équitable que le Département lui rembourse une réquisition si clairement faite à titre départemental.

II. — J'arrive, Monsieur le Préfet, au *second chef* de la réclamation du Conseil municipal, à cette première réquisition de 20,000 fr. frappée sur la Ville, *pour subvenir aux besoins de la préfecture.*

Si le droit de la Ville à exercer un recours contre le Département, pour les réquisitions de la préfecture prussienne, semblait indiscutable, c'était assurément sur ce point.

Le 5 décembre, l'Administration préfectorale française abandonne l'hôtel départemental pour ne pas se trouver en contact avec l'ennemi, et celui-ci occupe, en effet, la Ville ; le général allemand prend motif, de ce départ de l'Autorité préfectorale, pour instituer *un préfet du département de la Seine-Inférieure*, le 8 décembre ; ce même jour, le préfet prussien Cramer informe *la Mairie de la ville de Rouen qu'en prenant possession de l'Hôtel de la Préfecture, il trouve les bâtiments complétement abandonnés, et que, pour subvenir aux besoins de la préfecture, il prie le Maire de lui verser la somme de 20,000 fr.*

Assurément cette réquisition ne prête pas à l'équivoque, et l'on ne saurait s'emparer, ni des termes de la lettre, ni de son objet, pour prétendre que la Ville est personnellement instituée débitrice et que la réquisition est essentiellement municipale. Rien ne peut être ici laissé à la charge de la Ville : le réquisitionnant la contraint à faire l'avance d'une somme nécessaire à la reconstitution d'une administration départementale et à son installation dans les bâtiments départementaux, parce qu'il les trouve abandonnés ; qui sera donc débiteur, si ce n'est le Département ?

Votre argumentation détourne la réponse, qui se fait si naturellement à la question, au moyen d'une distinction : la Préfecture représente deux ordres de services ; l'un concerne l'entretien et l'ameublement des bâtiments préfectoraux ; l'autre regarde les dépenses du personnel. Les dépenses faites pour le premier service obligeraient incontestablement le Département ; mais aucune partie des fonds réquisitionnés n'a reçu d'affectation à l'établissement préfectoral ; les investigations faites par le préfet Cramer, quant au taux des traitements du personnel, montrent que c'est à ce besoin qu'il a voulu subvenir ; or, le personnel est un service de l'Etat. Par ce double motif, vous pensez que c'est à l'Etat que la Ville doit s'adresser, pour se faire rembourser. — Mais, si j'adresse au Gouvernement, Monsieur le Préfet, la demande de la Ville, ne pourra-t-il pas la repousser, aussi, en répondant qu'en principe le service préfectoral est double ; que, si l'Etat doit les frais du personnel, il n'a pas à supporter ceux de l'établissement de la Préfecture, et que, en fait, le préfet Cramer *a voulu subvenir à* ce dernier service, car il motive sa réquisition sur ce *qu'il a trouvé les bâtiments départementaux complétement abandonnés ?*

Si je ne m'abuse, cet argument serait aussi pertinent que celui que vous m'opposez, au nom du Département ; et, pour la seconde fois, voilà la Ville (que vous déclarez bien et dûment créancière de ces 20,000 fr., soit sur le Département, soit sur l'Etat) dans l'impossibilité d'exercer son recours contre aucun d'eux ! Le résultat serait manifestement inique ; et il le serait d'autant plus, il faut bien le répéter, que la Ville a dû cette charge à la retraite de l'Autorité représentant le Département et l'Etat, avec les caisses de l'un et de l'autre !

Mais la raison juridique vient encore, ici, au secours de l'équité ! L'Administration préfectorale est obligée de reconnaître la dette, comme celle de l'un ou de l'autre des deux services qu'elle représente, et peut-être de tous les deux ensemble ; elle admettra de même, que, si quelqu'un peut en faire l'attribution, entre le Département et l'État, c'est elle seule ; donc elle ne pourra pas renvoyer, à la Ville, l'obligation de faire ce partage. Par sentiment de justice, elle devrait s'efforcer d'opérer elle-même cette répartition, sans insister sur une objection, où la forme sacrifie trop le fond et l'équité ; mais, rigoureusement, la mission de faire ce partage lui incombe, à elle, Autorité préfectorale, parce qu'elle seule le peut faire.

Quant à la Ville, Monsieur le Préfet, elle ne peut que rester étrangère à ce débat entre les deux débiteurs possibles que vous représentez ; incontestablement créancière de la contribution de 20,000 fr., son rôle est de demander le remboursement, au débiteur apparent ; or, cette réquisition lui a été imposée, parce que *les bâtiments de la Préfecture ont été trouvés complétement abandonnés*; ces bâtiments se trouvent dans le service départemental ; donc le recours de la Ville est bien exercé contre le Département.

III. — Le *troisième* chef de la réclamation de la Ville concerne la somme de 21,615 fr. 08 c., montant des réquisitions de fournitures faites par la Ville, pour le service de la préfecture prussienne.

Vous répondez, à la demande du Conseil municipal, par une nouvelle distinction. — La somme ci-dessus mentionnée comprend : 1° des frais de nourriture du personnel de la préfecture prussienne pour 9,000 fr., 2° les frais d'ameublement, de chauffage et d'éclairage de la Préfecture pour 7 à 8,000 fr.; 3° ces deux sommes laissent un reliquat de 4 à 5,000 fr., dont vous n'indiquez pas l'attribution. Vous repoussez la première catégorie de ces dépenses par les motifs suivants : les frais de nourriture du personnel de la préfecture prussienne sont une charge, soit de la Ville et de ses habitants, si l'on range le personnel préfectoral prussien dans la catégorie des autres soldats, soit de l'Etat français, si la nourriture du préfet et de son personnel, est regardée comme un supplément de traitement qu'ils se sont attribué; conséquemment, ces frais ne peuvent incomber au Département.— Vous n'admettez pas non plus les dépenses de la troisième catégorie, sans en indiquer le motif. — Mais vous acceptez, à la charge du Département, les 7 à 8,000 fr. concernant l'entretien de l'Hôtel de la Préfecture, lesquels forment la troisième catégorie de ce chef de réclamation.

Quant à ce dernier point, les principes, que vous avez posés dans la discussion du second chef du recours de la Ville, entraînaient, en effet, la reconnaissance de l'obligation du Département, pour les frais d'ameublement, de chauffage et d'éclairage de la Préfecture; il ne resterait plus qu'à en préciser le chiffre, si le recours de la Ville devait s'arrêter à ces dépenses, et je ne pourrais que vous prier, à cet égard, de faire connaître d'abord ceux des articles de l'état des fournitures que vous consentez à payer.

Sur la seconde catégorie de ces réquisitions, j'ai le regret de ne pas connaître et de ne pas pouvoir discuter les motifs qui vous ont porté à rejeter les 4 ou 5,000 francs de dépenses qui auraient complété le chiffre de ce chef de recours; provisoirement, je ne puis que persister à y voir une dette du Département.

En ce qui regarde la première catégorie, comprenant la nourriture du personnel prussien qui a occupé l'Hôtel de la Préfecture, il existait, ce me semble, une raison péremptoire pour que le Département ne songeât même pas à le discuter. Je n'examinerai pas, si c'était au préfet prussien et à ses subordonnés qu'il incombait de se nourrir, ou bien si cette prestation d'aliments constituait pour eux une sorte de supplément de traitement qui devrait faire reporter le recours à l'Etat français, lequel le repousserait par les mêmes moyens que les deux chefs précédents; mais je répondrai ceci : l'Hôtel de la Préfecture est une habitation appartenant au Département; de même que tous les propriétaires d'habitations, absents ou présents, ont nourri l'ennemi logé chez eux, de même le Département doit la nourriture des officiers et des soldats qui se sont installés chez lui. — Opposerait-on que la Ville devait nourrir les soldats ennemis? Le principe de cette dette n'est écrit nulle part; au contraire, ce sont les particuliers qui, contraints par la force, ont alimenté les hôtes qui affligeaient leur foyer; pourquoi le Département ne subirait-il pas la loi commune? — Ferait-on observer que l'habitation préfectorale, en temps ordinaire, ne loge pas les soldats français? On ne pourrait rien conclure de cette exemption pour le cas d'invasion de l'ennemi, et je ne pense pas que l'Administration départementale puisse revendiquer un privilège de si minime intérêt pour le Département, lorsque tant de malheureux ont été obligés de supporter ce fardeau trop souvent écrasant pour eux!

Le Conseil municipal devra donc maintenir aussi l'intégralité du recours, qui forme le troisième chef. Vous reconnaissez vous-même, Monsieur le Préfet, qu'il est fondé jusqu'à concurrence de 7 à 8,000 francs; les dépenses que vous rejetez sans en indiquer le motif n'ont pas d'autre caractère que les premières; et, quant à la nourriture des ennemis occupant l'habitation départementale, il est évident que, à l'exemple de tous les autres propriétaires de la Ville, le Département doit la payer.

Telles sont, Monsieur le Préfet, les observations que je crois opposables à l'argumentation par laquelle vous combattez le recours de la Ville; je ne crois pas devoir ajouter, à leur exposé, un résumé qui serait superflu. Vous l'avez reconnu vous-même; la créance de la Ville est incontestable, et son recours est juste et fondé; il ne reste qu'à déterminer qui devra y répondre, de l'État ou du Département. Mais, est-ce donc à la Ville de faire le choix? Et peut-elle être exposée à succomber dans sa réclamation, parce qu'elle n'a pas la possibilité et qu'il ne lui appartient pas, en définitive, de trancher le débat, entre les deux débiteurs représentés ensemble par l'Autorité préfectorale? N'est-il pas, au contraire, conforme à l'équité, à la raison, au droit, qu'elle s'adresse à l'Administration départementale, qu'elle a eu le malheur de remplacer devant l'ennemi, et au Département, sur lequel son recours est indiqué par les réquisitions, sauf à lui à exercer sa répétition contre l'État?

Je vous prie de vouloir bien examiner, de nouveau, si telle n'est pas la véritable solution de ce débat.

Dans cet examen, Monsieur le Préfet, vous ne sauriez perdre de vue qu'après tout, alors même que la somme réclamée par la Ville serait imputée au Département, c'est toujours elle qui en paiera la plus forte part. Effectivement, la ville de Rouen concourt presque pour le quart, dans le paiement des impositions qui constituent les ressources du budget départemental; donc elle supporterait, dans la même proportion, les réquisitions inscrites à ce budget. Cette considération ne suffit-elle pas pour montrer combien il est équitable que cette charge ne soit pas exclusivement rejetée sur la Ville, déjà si préjudiciée par l'invasion, mais qu'elle soit, au contraire, répartie sur tout le Département, dont une portion notable, au point de vue de la fortune départementale, n'a rien eu à souffrir de l'ennemi?

Je suis, avec respect,

Monsieur le Préfet,

Votre très-humble et très-obéissant serviteur,

Le Maire de Rouen,

Signé : **NÉTIEN.**

Pour copie conforme :

L'Adjoint au Maire de Rouen,

Signé : **THUBEUF.**

Rouen, J. LECERF, imprimeur de la Cour d'Appel et de la Mairie, rue des Bons-Enfants, 46-48.

34